Impressum
Verlag: BABADADA GmbH, Nedderfeld 112 , 22529 Hamburg
Geschäftsführer / Verlagsleitung: Harald Hof
Druck: Books on Demand GmbH, In de Tarpen 42, 22848 Norderstedt

Imprint
Publisher: BABADADA GmbH, Nedderfeld 112 , 22529 Hamburg, Germany
Managing Director / Publishing direction: Harald Hof
Print: Books on Demand GmbH, In de Tarpen 42, 22848 Norderstedt

colegio
skola

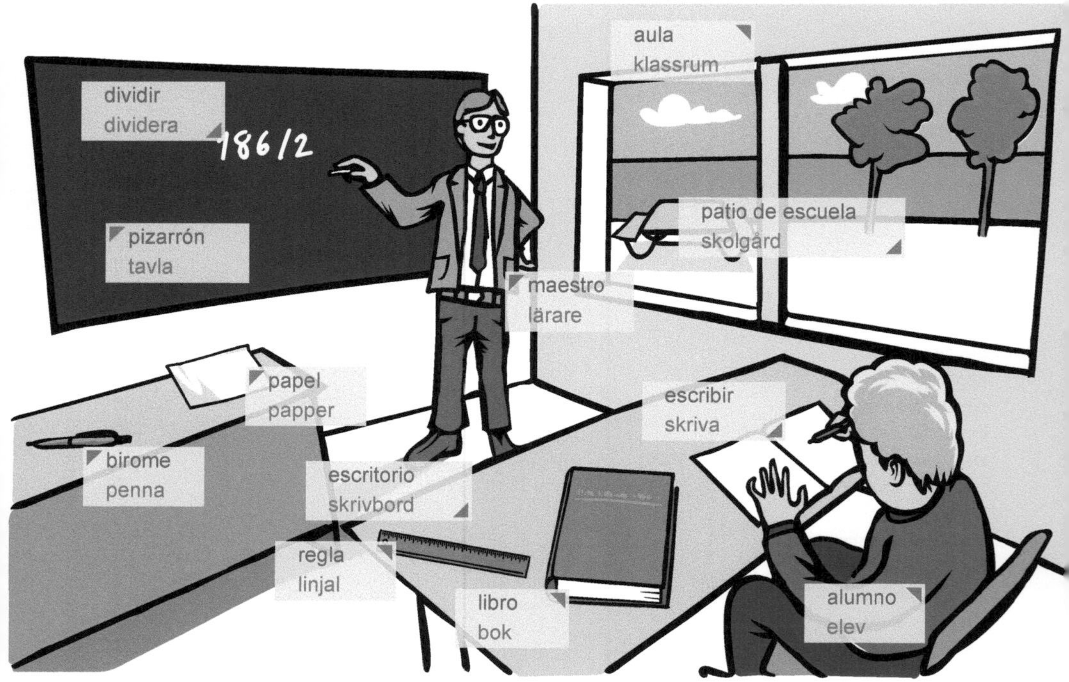
aula
klassrum
dividir
dividera
186/2
pizarrón
tavla
patio de escuela
skolgård
maestro
lärare
papel
papper
escribir
skriva
birome
penna
escritorio
skrivbord
regla
linjal
libro
bok
alumno
elev

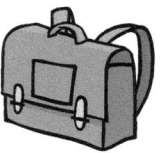

mochila
skolväska

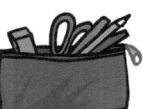

caja de lápices
pennfodral

lápiz
blyertspenna

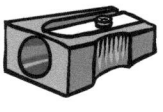

sacapuntas
pennvässare

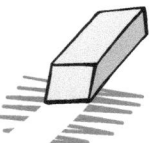

goma (de borrar)
suddgummi

bloc de dibujo
ritblock

dibujo
teckning

pincel
pensel

caja de pinturas
målarlåda

tijera
sax

pegamento
lim

cuaderno de ejercicios
övningsbok

tarea
hemläxa

número
tal

sumar
addera

restar
subtrahera

multiplicar
multiplicera

calcular
räkna

letra
bokstav

abecedario
alfabet

palabra
ord

texto

text

leer

läsa

tiza

krita

lección

lektion

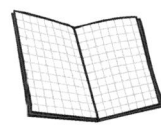

cuaderno de clase

register

examen

prov

certificado

intyg

uniforme escolar

skoluniform

educación

utbildning

enciclopedia

uppslagsverk

universidad

universitet

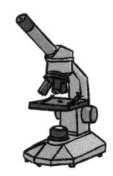

microscopio

mikroskop

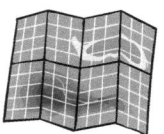

mapa

karta

tacho (de basura)

papperskorg

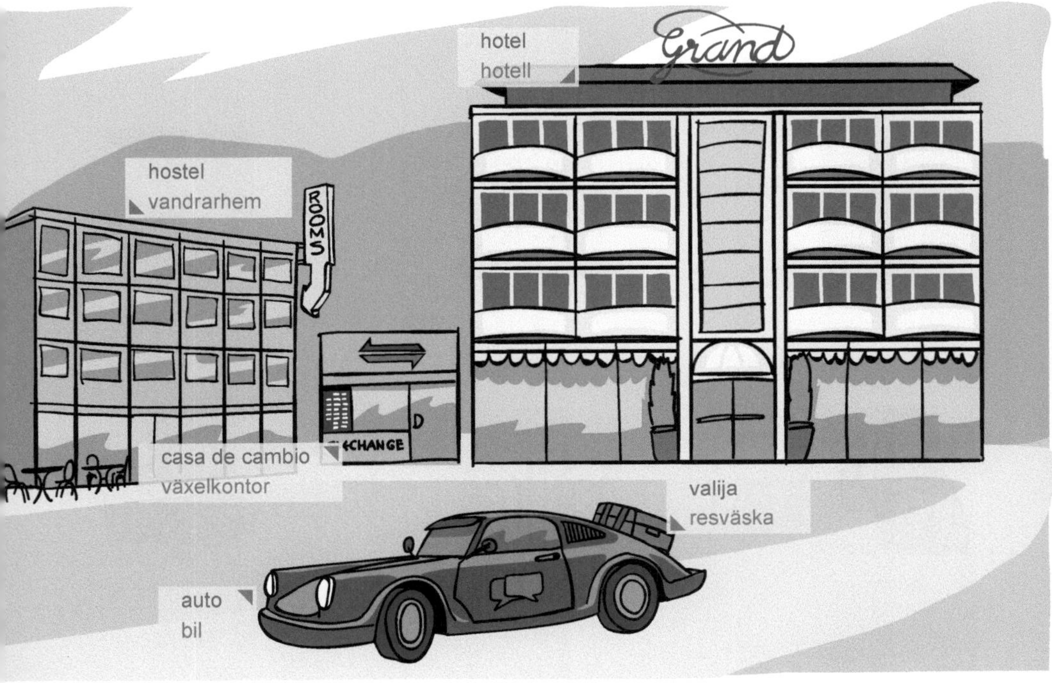

hotel
hotell
Grand
hostel
vandrarhem
ROOMS
casa de cambio
växelkontor
CHANGE
valija
resväska
auto
bil

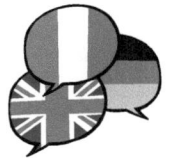

idioma

språk

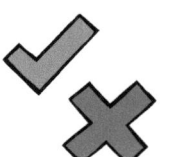

sí / no

ja / nej

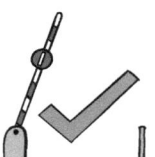

Está bien

Okay

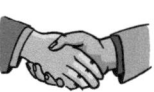

hola

hej

traductor

översättare

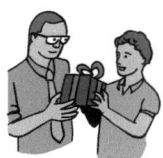

Gracias

Tack

¿cuánto cuesta...?

hur mycket kostar...?

No entiendo

jag förstår inte

problema

problem

¡Buenas tardes!

God kväll!

¡Buenos días!

God morgon!

¡Buenas noches!

God natt!

adiós

hejdå

dirección

riktning

equipaje

bagage

bolso

väska

mochila

ryggsäck

invitado

gäst

habitación

rum

bolsa de dormir

sovsäck

carpa

tält

información turística

turistinformation

playa

strand

tarjeta de crédito

kreditkort

desayuno

frukost

almuerzo

lunch

cena

middag

pasaje

biljett

ascensor

hiss

sello

frimärke

frontera

gräns

aduana

tull

embajada

ambassad

visa

visum

pasaporte

pass

viaje - resa

transporte
transport

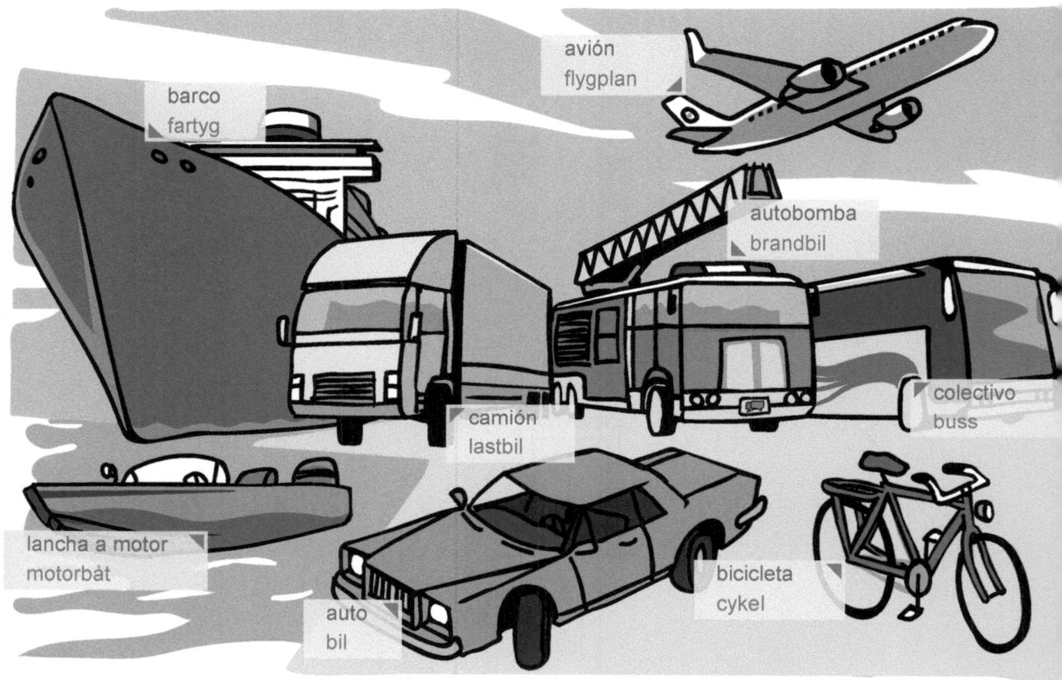
avión
flygplan
barco
fartyg
autobomba
brandbil
colectivo
buss
camión
lastbil
lancha a motor
motorbåt
bicicleta
cykel
auto
bil

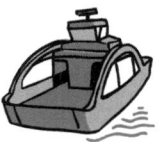

ferry

färja

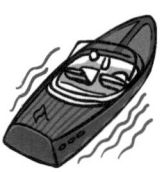

bote

båt

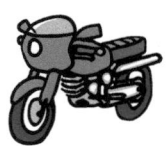

moto

motorcykel

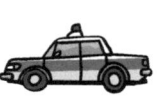

patrullero

polisbil

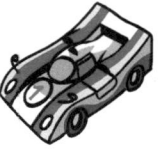

auto de carreras

racerbil

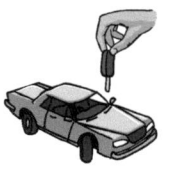

auto de alquiler

hyrbil

alquiler de autos

bilpool

grúa

bärgningsbil

camión de basura

sopbil

motor

motor

nafta

bränsle

estación de servicio

bensinstation

señal de tránsito

vägmärke

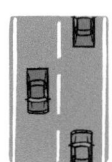

tránsito

trafik

embotellamiento

bilkö

estacionamiento

parkeringsplats

estación de tren

tågstation

vías

räls

tren

tåg

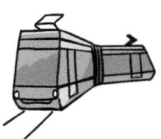

tranvía

spårvagn

vagón

vagn

helicóptero

helikopter

aeropuerto

flygplats

torre

torn

pasajero

passagerare

contenedor

container

caja de cartón

kartong

carretilla

vagn

canasta

korg

despegar / aterrizar

starta / landa

ciudad

stad

pueblo

by

centro de ciudad

centrum

casa

hus

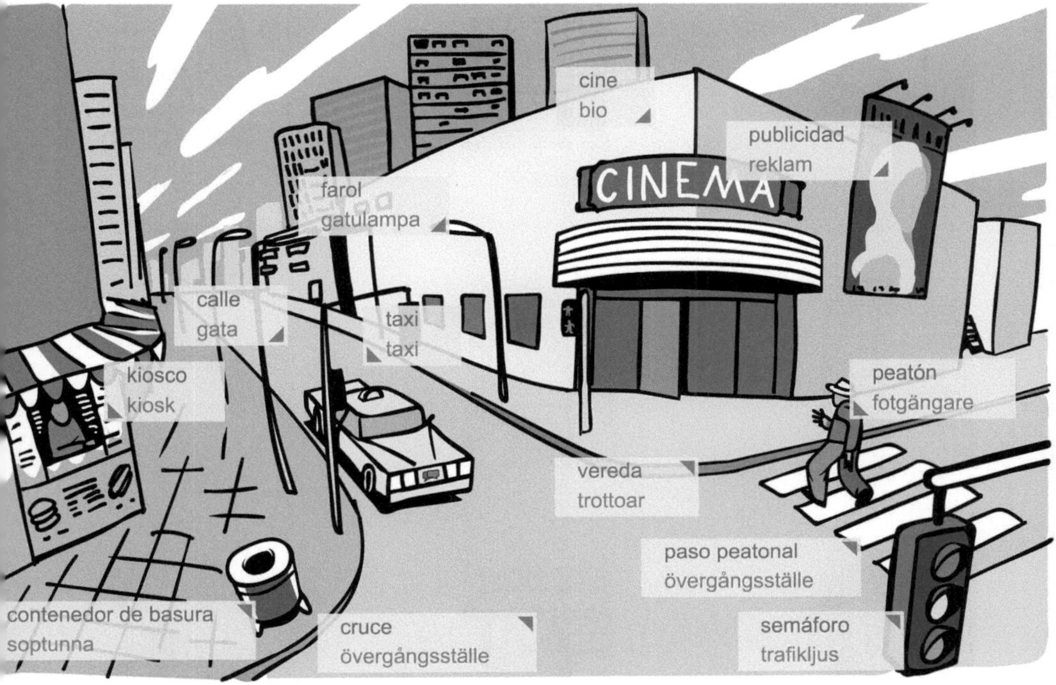

cine
bio

publicidad
reklam

farol
gatulampa

CINEMA

calle
gata

taxi
taxi

kiosco
kiosk

peatón
fotgängare

vereda
trottoar

paso peatonal
övergångsställe

contenedor de basura
soptunna

cruce
övergångsställe

semáforo
trafikljus

cabaña
stuga

departamento
lägenhet

estación de tren
tågstation

municipalidad
stadshus

museo
museum

colegio
skola

ciudad - stad

universidad

universitet

banco

bank

hospital

sjukhus

hotel

hotell

farmacia

apotek

oficina

kontor

librería

bokhandel

negocio

affär

florería

blomsterbutik

supermercado

stormarknad

mercado

marknad

grandes tiendas

varuhus

pescadería

fiskhandlare

centro comercial

köpcentrum

puerto

hamn

parque

park

banco

bänk

puente

brygga

escaleras

trappa

subte

tunnelbana

túnel

tunnel

parada del colectivo

busshållplats

bar

bar

restaurante

restaurang

buzón

brevlåda

letrero

gatuskylt

parquímetro

parkeringsautomat

zoológico

zoo

pileta

simbassäng

mezquita

moské

granja
bondgård

contaminación
förorening

cementerio
kyrkogård

iglesia
kyrka

juegos infantiles
lekplats

templo
tempel

paisaje
landskap

hoja
löv

poste indicador
vägskylt

camino
väg

pradera
äng

piedra
sten

excursionista
liftare

árbol
träd

río
flod

hierba
gräs

flor
blomma

14

valle

dal

montaña

kulle

lago

sjö

bosque

skog

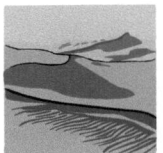

desierto

öken

volcán

vulkan

castillo

slott

arco iris

regnbåge

champiñón

svamp

palmera

palm

mosquito

mygga

mosca

fluga

hormiga

myra

abeja

bi

araña

spindel

escarabajo

skalbagge

rana

groda

ardilla

ekorre

erizo

igelkott

liebre

hare

lechuza

uggla

pájaro

fågel

cisne

svan

jabalí

vildsvin

ciervo

rådjur

alce

älg

presa

damm

aerogenerador

vindkraftverk

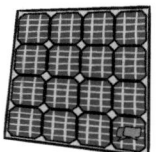

panel solar

solcellspanel

clima

klimat

restaurante
restaurang

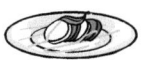

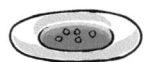

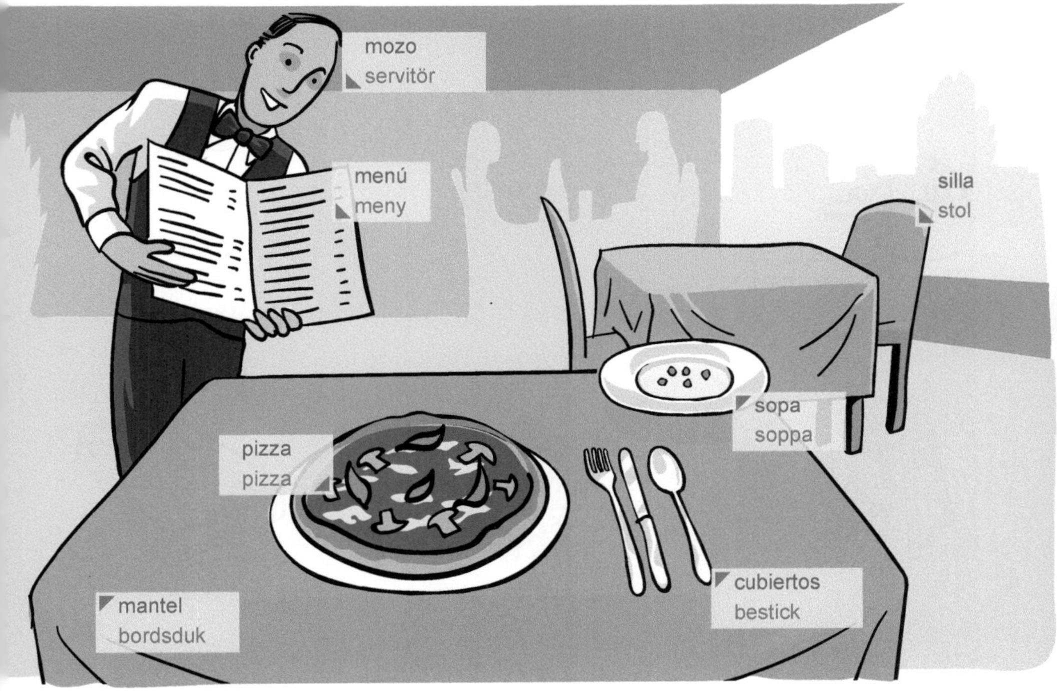
mozo
servitör
menú
meny
silla
stol
sopa
soppa
pizza
pizza
cubiertos
bestick
mantel
bordsduk

entrada
förrätt

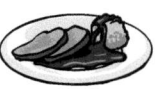

plato principal
huvudrätt

postre
dessert

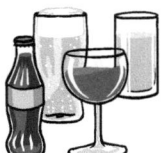

bebidas
drycker

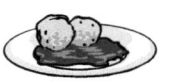

comida
mat

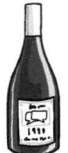

botella
flaska

comida rápida
snabbmat

comida callejera
street food

tetera
tekanna

azucarera
sockerskål

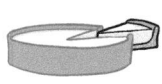

porción
portion

cafetera expreso
espressomaskin

sillita alta
barnstol

cuenta
räkning

bandeja
bricka

cuchillo
kniv

tenedor
gaffel

cuchara
sked

cucharita
tesked

servilleta
servett

vaso
glas

plato

tallrik

plato hondo

sopptallrik

plato

tefat

salsa

sås

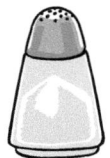

salero

saltkar

molinillo de pimienta

pepparkvarn

vinagre

vinäger

aceite

olja

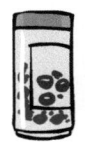

especias

kryddor

kétchup

ketchup

mostaza

senap

mayonesa

majonnäs

supermercado
stormarknad

oferta especial
specialerbjudande
FOR
cliente
kund
lácteos
mejeriprodukter
fruta
frukt
changuito
varukorg

BUTCHERS

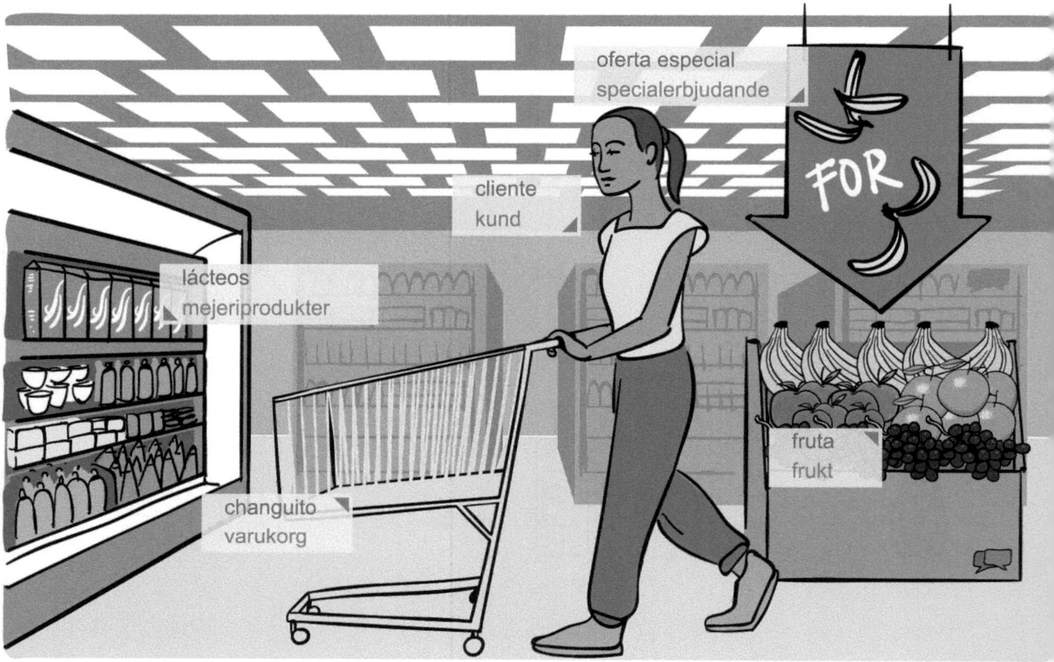

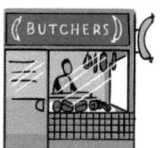

carnicería

charkuteri

BAKERY

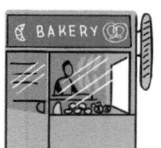

panadería

bageri

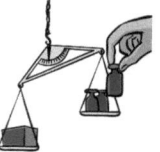

pesar

väga

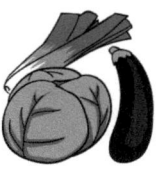

verduras

grönsaker

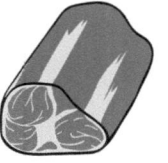

carne

kött

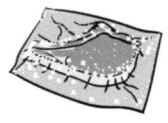

alimentos congelados

frysta livsmedel

fiambres
pålägg

alimentos enlatados
konserver

detergente en polvo
tvättmedel

golosinas
godis

electrodomésticos
hushållsprodukter

productos de limpieza
rengöringsmedel

vendedora
försäljare

caja
kassa

cajero
kassör

lista de compras
inköpslista

horario de atención
öppettider

billetera
plånbok

tarjeta de crédito
kreditkort

cartera
väska

bolsa de plástico
plastpåse

agua

vatten

jugo

juice

leche

mjölk

bebida cola

cola

vino

vin

cerveza

öl

alcohol

alkohol

cacao

kakao

té

te

café

kaffe

café expreso

espresso

cappuccino

cappuccino

banana

banan

manzana

äpple

naranja

apelsin

melón

melon

limón

citron

zanahoria

morot

ajo

vitlök

bambú

bambu

cebolla

lök

champiñón

svamp

nueces

nötter

fideos

nudlar

tallarines

spaghetti

arroz

ris

ensalada

sallad

papas fritas

pommes frites

papas fritas

stekt potatis

pizza

pizza

hamburguesa

hamburgare

sándwich

smörgås

churrasco

schnitzel

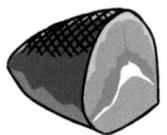

jamón

skinka

salame

salami

salchicha

korv

pollo

kyckling

asado

stek

pescado

fisk

copos de avena

havregryn

muesli

müsli

copos de maíz

cornflakes

harina

mjöl

medialuna

croissant

pancito

fralla

pan

bröd

tostada

rostat bröd

galletitas

kex

manteca

smör

cuajada

kvarg

torta

kaka

huevo

ägg

huevo frito

stekt ägg

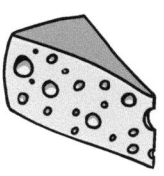

queso

ost

helado

glass

azúcar

socker

miel

honung

mermelada

sylt

pasta de chocolate

nougatkräm

curry

curry

granja
bondgård

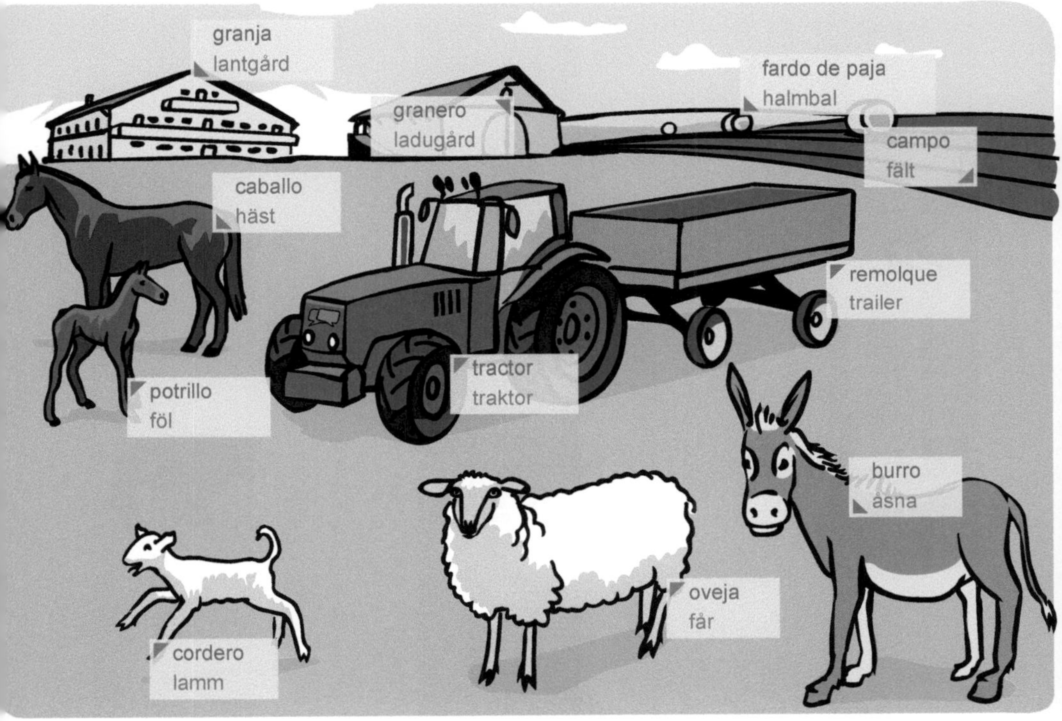

granja
lantgård
granero
ladugård
fardo de paja
halmbal
campo
fält
caballo
häst
remolque
trailer
tractor
traktor
potrillo
föl
burro
åsna
oveja
får
cordero
lamm

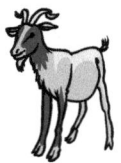

cabra

get

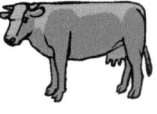

vaca

ko

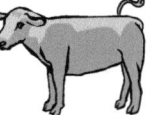

ternero

kalv

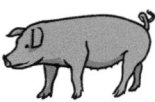

cerdo

gris

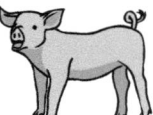

lechón

griskulting

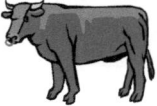

toro

tjur

ganso

gås

pato

anka

pollo

kyckling

gallina

höna

gallo

tupp

rata

råtta

gato

katt

ratón

mus

buey

oxe

perro

hund

cucha

hundkoja

manguera

trädgårdsslang

regadera

vattenkanna

guadaña

lie

arado

plog

hoz

skära

azada

hacka

horquilla

högaffel

hacha

yxa

carretilla

skottkärra

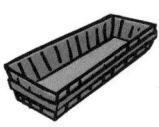

abrevadero

tråg

lechera

mjölkflaska

bolsa

säck

reja

staket

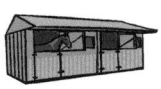

establo

stall

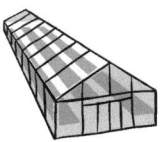

invernadero

växthus

suelo

jord

semilla

säd

fertilizador

gödsel

cosechadora

skördetröska

cosechar
skörda

cosecha
skörd

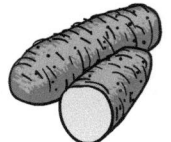

batatas
jams

trigo
vete

soja
soja

papa
potatis

maíz
majs

semilla de colza
raps

árbol frutal
fruktträd

mandioca
maniok

cereales
spannmål

casa
hus

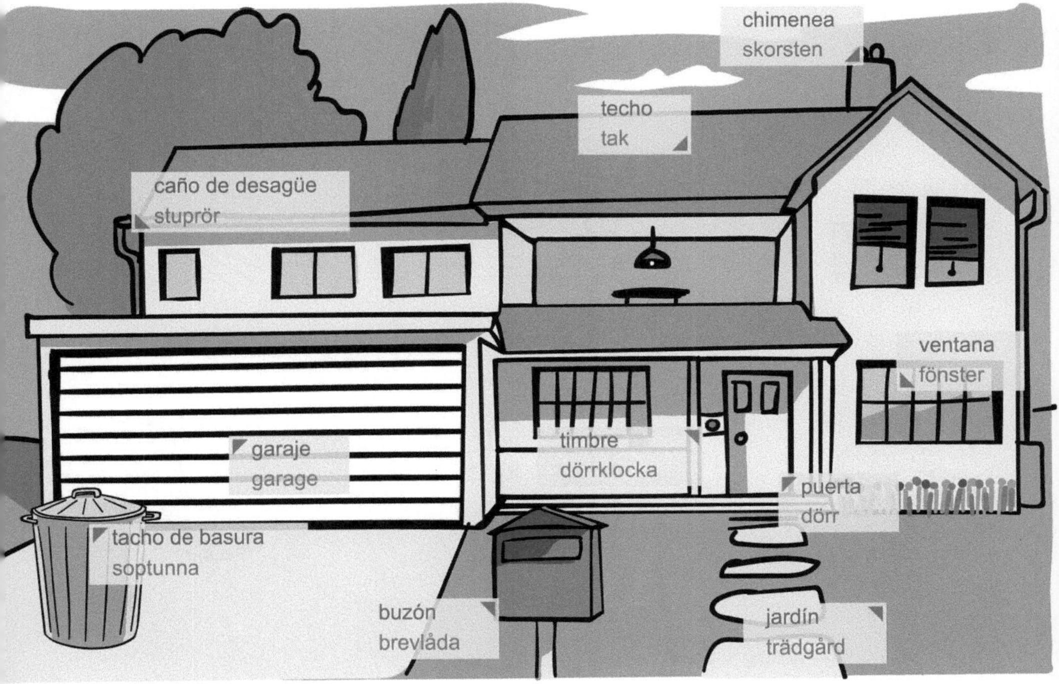
chimenea
skorsten
techo
tak
caño de desagüe
stuprör
ventana
fönster
garaje
garage
timbre
dörrklocka
puerta
dörr
tacho de basura
soptunna
buzón
brevlåda
jardín
trädgård

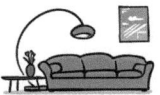

living

vardagsrum

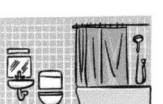

baño

badrum

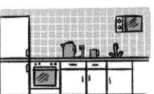

cocina

kök

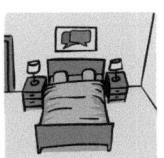

dormitorio

sovrum

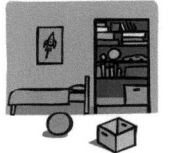

cuarto de los chicos

barnrum

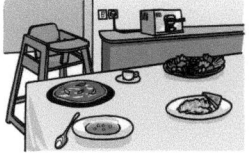

comedor

matsal

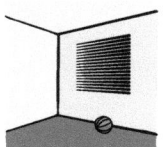

piso
golv

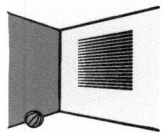

pared
vägg

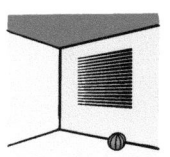

cielorraso
tak

sótano
källare

sauna
bastu

balcón
balkong

terraza
terrass

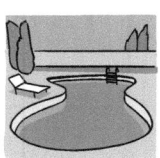

pileta
bassäng

cortadora de pasto
gräsklippare

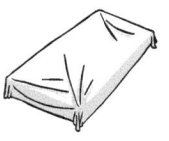

sábana
lakan

acolchado
överkast

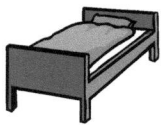

cama
säng

escoba
kvast

balde
hink

interruptor
strömbrytare

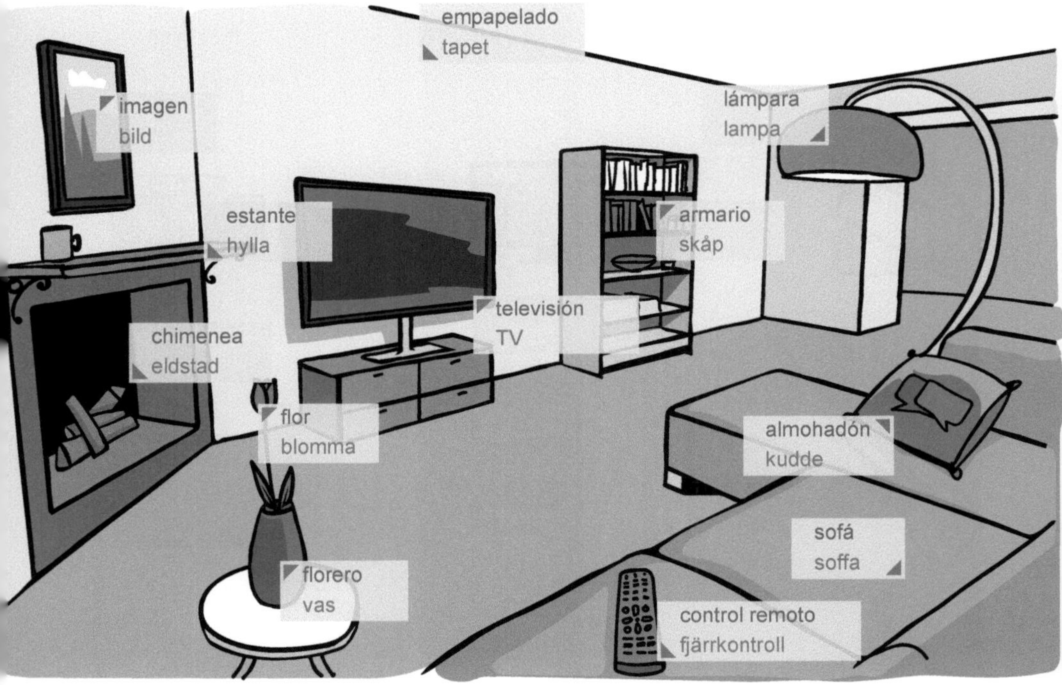

empapelado
tapet

imagen
bild

lámpara
lampa

estante
hylla

armario
skåp

chimenea
eldstad

televisión
TV

flor
blomma

almohadón
kudde

sofá
soffa

florero
vas

control remoto
fjärrkontroll

alfombra
matta

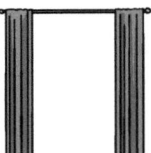

cortina
gardin

mesa
bord

silla
stol

mecedora
gungstol

sillón
fåtölj

libro

bok

frazada

filt

decoración

dekoration

leña

vedträ

película

film

equipo de música

stereoanläggning

llave

nyckel

diario

dagstidning

pintura

målning

póster

poster

radio

radio

cuaderno

anteckningsbok

aspiradora

dammsugare

cactus

kaktus

vela

stearinljus

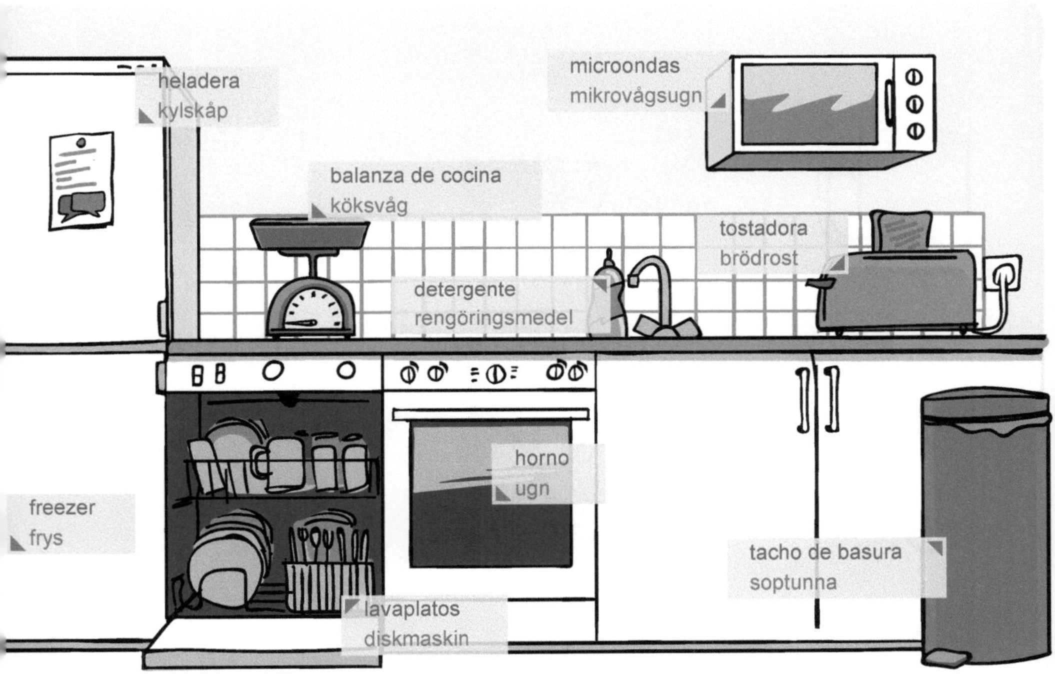

heladera
kylskåp

microondas
mikrovågsugn

balanza de cocina
köksvåg

tostadora
brödrost

detergente
rengöringsmedel

horno
ugn

freezer
frys

tacho de basura
soptunna

lavaplatos
diskmaskin

cocina

spis

olla

kastrull

olla de hierro fundido

järngryta

wok

wok / kadai

sartén

stekpanna

pava

vattenkokare

vaporera

ångkokare

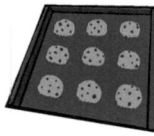

bandeja de horno

bakplåt

vajilla

porslin

taza

mugg

bol

skål

palitos

ätpinnar

cucharón

soppslev

estpátula

stekspade

batidora

visp

colador

durkslag

colador

sil

rallador

rivjärn

mortero

mortel

parrilla

grill

fogata

brasa

tabla de picar

skärbräda

palo de amasar

kavel

sacacorchos

korkskruv

lata

burk

abrelatas

burköppnare

manopla

grytlapp

pileta

vask

cepillo

borste

esponja

svamp

batidora

mixer

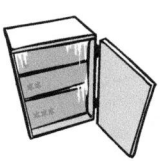

congelador

frys

mamadera

nappflaska

canilla

kran

baño

badrum

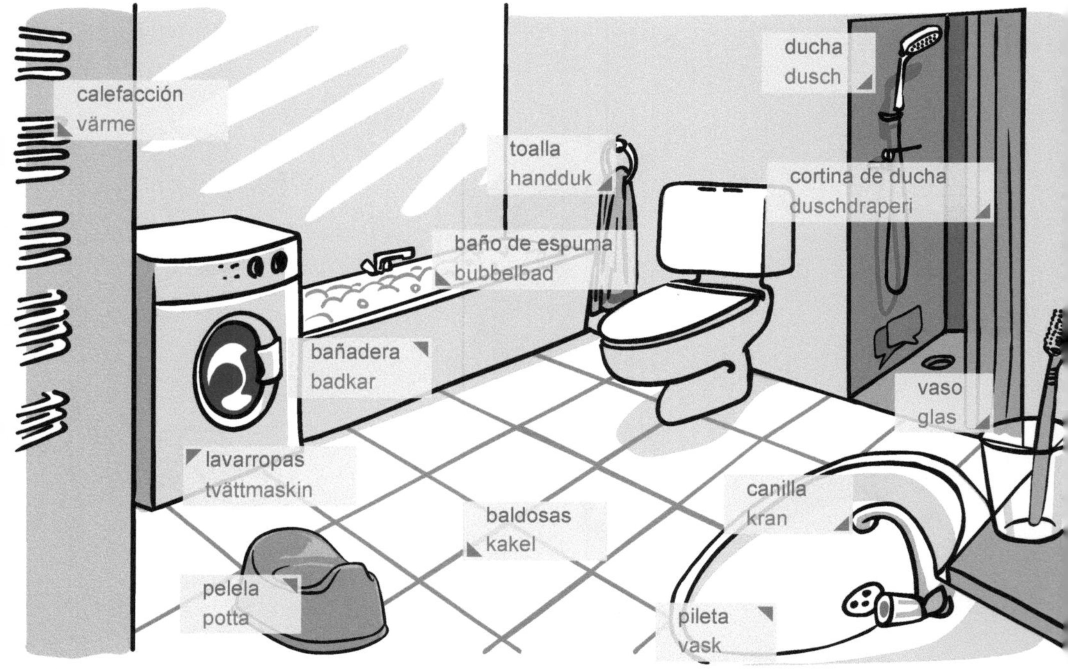

calefacción
värme
ducha
dusch
toalla
handduk
cortina de ducha
duschdraperi
baño de espuma
bubbelbad
bañadera
badkar
vaso
glas
lavarropas
tvättmaskin
canilla
kran
baldosas
kakel
pelela
potta
pileta
vask

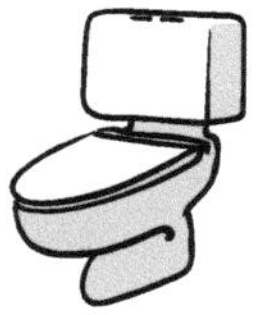

inodoro

toalett

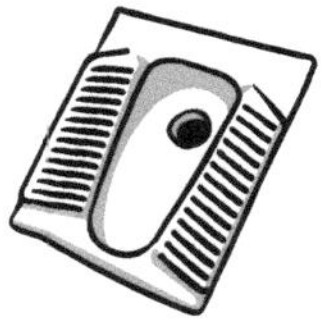

letrina

låg toalett

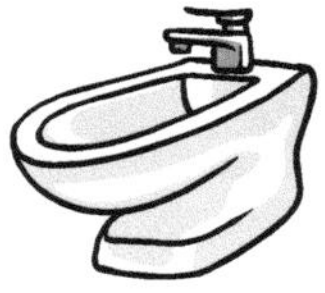

bidé

bidet

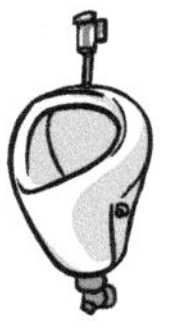

mingitorio

pissoar

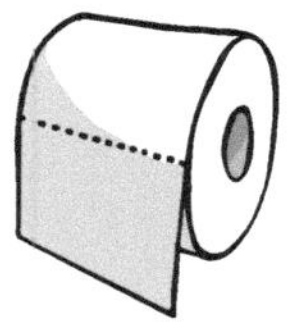

papel higiénico

toalettpapper

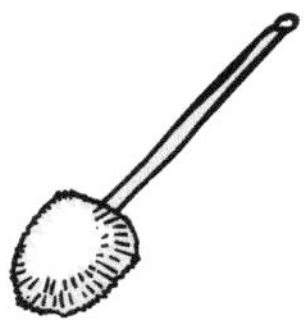

cepillo para el inodoro

toalettborste

cepillo de dientes

tandborste

dentífrico

tandkräm

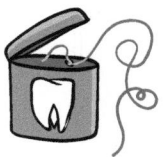

hilo dental

tandtråd

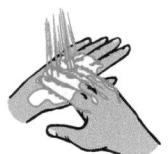

lavar

tvätta

ducha de mano

handdusch

ducha higiénica

intimdusch

palangana

handfat

cepillo para espalda

ryggborste

jabón

tvål

gel de ducha

duschgel

shampoo

schampo

toallita

trasa

desagüe

avlopp

crema

crème

desodorante

deodorant

espejo

spegel

espejito

handspegel

maquinita de afeitar

rakhyvel

espuma de afeitar

raklödder

aftershave

rakvatten

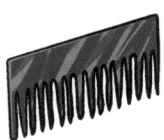

peine

kam

cepillo

borste

secador de pelo

hårtork

spray

hårspray

maquillaje

smink

lápiz de labios

läppstift

esmalte para uñas

nagellack

algodón

bomullsvadd

tijera para uñas

nagelsax

perfume

parfym

portacosméticos

necessär

banqueta

pall

balanza

våg

bata

badrock

guantes de goma

gummihandskar

tampón

tampong

toallita femenina

binda

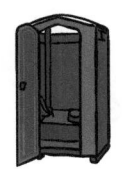

baño químico

kemisk toalett

cuarto de los chicos
barnrum

despertador
väckarklocka
peluche
gosedjur
coche de juguete
leksaksbil
sonajero
skallra
casa de muñecas
dockhus
regalo
present

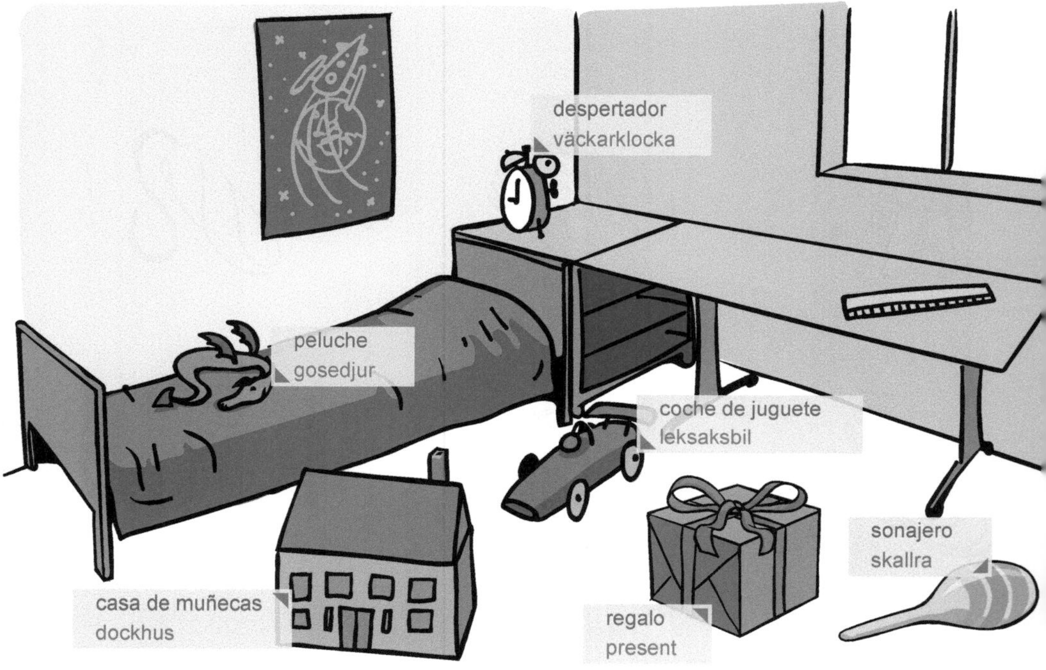

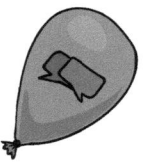

globo
ballong

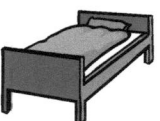

cama
säng

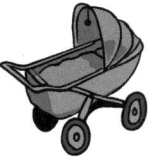

cochecito
barnvagn

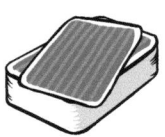

cartas
kortlek

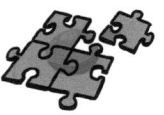

rompecabezas
pussel

SUPER MEGA

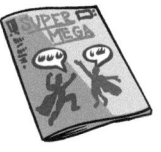

historieta
serietidning

piezas de lego

legobitar

ladrillos de juguete

klossar

figura de acción

actionfigur

enterito (de bebé)

sparkdräkt

frisbee

frisbee

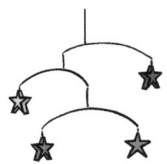

móvil para bebés

mobil

juego de mesa

brädspel

dados

tärning

tren eléctrico

modelljärnväg

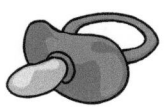

chupete

napp

fiesta

party

libro de cuentos ilustrado

bilderbok

pelota

boll

muñeca

docka

jugar

spela

arenero

sandlåda

hamaca

gunga

juguetes

leksaker

consola de videojuegos

spelkonsol

triciclo

trehjuling

osito de peluche

nalle

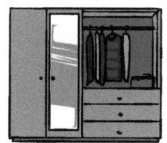

armario

garderob

ropa
kläder

medias

sockar

medias panty

strumpor

calzas

tights

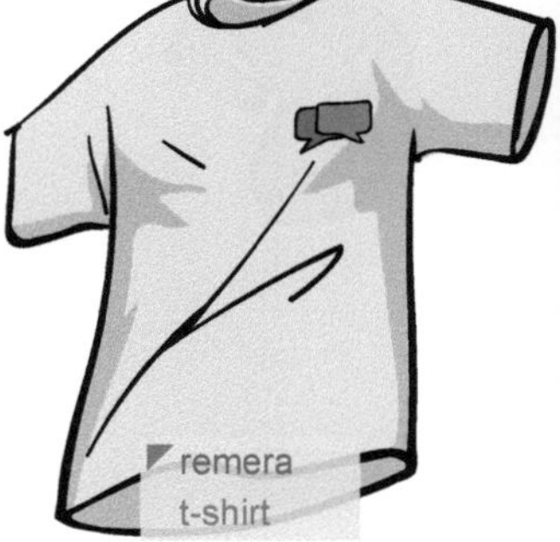

bufanda
halsduk

cinturón
bälte

paraguas
paraply

remera
t-shirt

botas
stövlar

pantuflas
tofflor

zapatillas
sneakers

sandalias
....
sandaler

zapatos
....
skor

botas de goma
....
gummistövlar

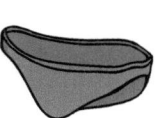

ropa interior
....
underbyxor

corpiño
....
BH

chaleco
....
linne

body
body

pantalones
byxor

jeans
jeans

pollera
kjol

blusa
blus

camisa
skjorta

pulóver
pullover

buzo
sweater

blazer
blazer

campera
jacka

tapado
kappa

piloto
regnjacka

traje
dräkt

vestido
klänning

vestido de novia
bröllopsklänning

traje

kostym

camisón

nattlinne

pijama

pyjamas

sari

sari

pañuelo para cabeza

slöja

turbante

turban

burka

burka

caftán

kaftan

abaya

abaya

traje de baño

baddräkt

short de baño

badbyxor

shorts

shorts

jogging

träningsoverall

delantal

förkläde

guantes

handskar

botón
knapp

anteojos
glasögon

pulsera
armband

collar
halsband

anillo
ring

aro
örhänge

gorra
mössa

percha
galge

sombrero
hatt

corbata
slips

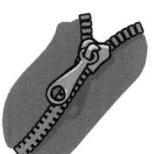

cierre
dragkedja

casco
hjälm

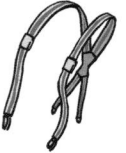

tiradores
hängslen

uniforme escolar
skoluniform

uniforme
uniform

babero

haklapp

chupete

napp

pañal

blöja

servidor
server

archivero
dokumentskåp

impresora
skrivare

papel
papper

monitor
bildskärm

escritorio
skrivbord

mouse
mus

carpeta
mapp

teclado
tangentbord

tacho (de basura)
papperskorg

computadora
dator

silla
stol

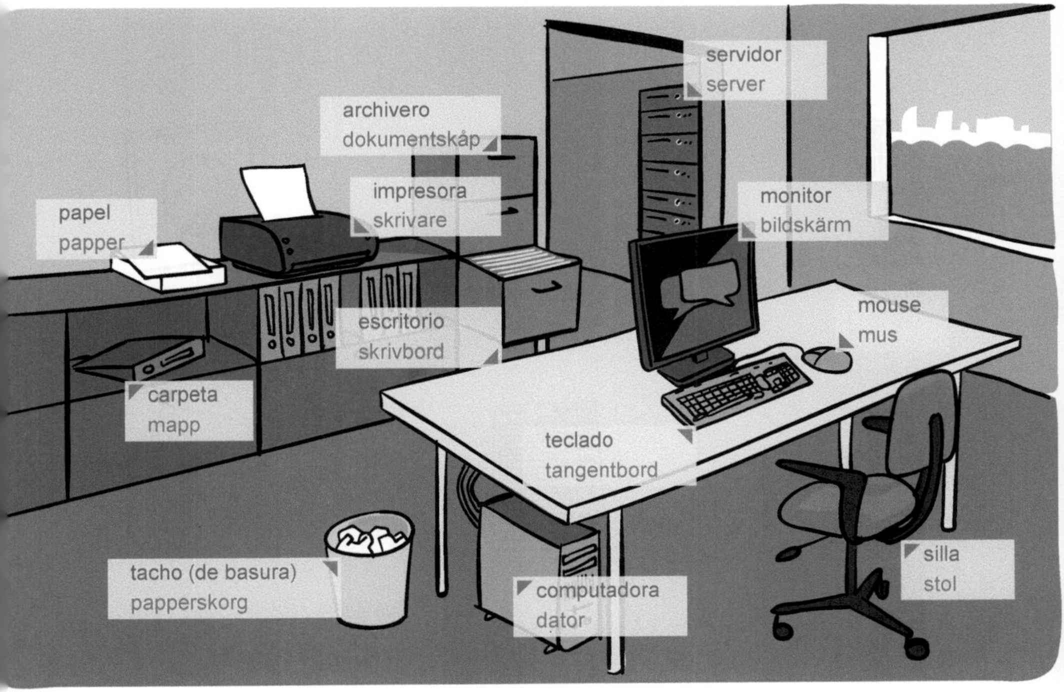

taza de café

kaffemugg

calculadora

miniräknare

internet

internet

oficina - kontor

laptop

bärbar dator

carta

brev

mensaje

meddelande

celular

mobiltelefon

red

nätverk

fotocopiadora

kopieringsapparat

software

programvara

teléfono

telefon

tomacorriente

vägguttag

fax

fax

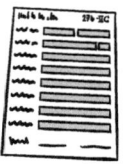

formulario

blankett

documento

dokument

comprar
köpa

pagar
betala

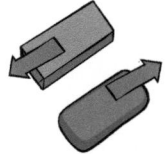

hacer negocios
handla

dinero
pengar

dólar
dollar

euro
euro

yen
yen

rublo
rubel

franco suizo
schweizisk franc

yuan
renminbi yan

rupia
rupie

cajero automático
bankomat

casa de cambio

växelkontor

oro

guld

plata

silver

petróleo

olja

energía

energi

precio

pris

contrato

kontrakt

impuesto

skatt

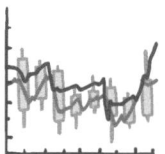

acción

aktie

trabajar

arbeta

empleado

anställd

empleador

arbetsgivare

fábrica

fabrik

negocio

affär

ocupaciones
yrken

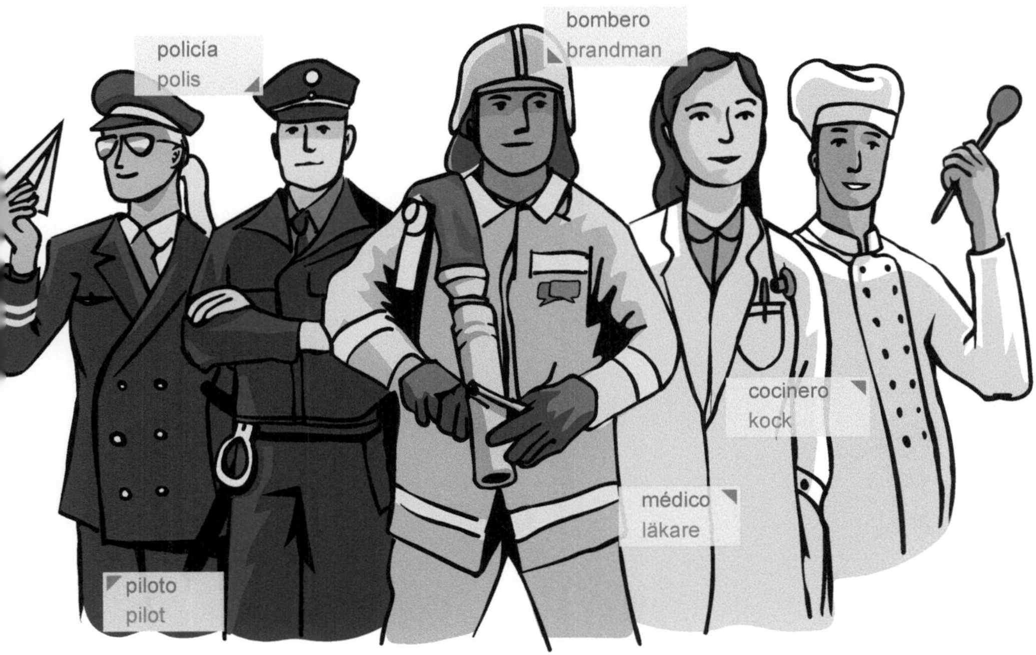
policía
polis
bombero
brandman
cocinero
kock
médico
läkare
piloto
pilot

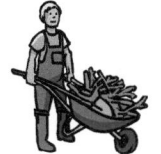

jardinero

trädgårdsmästare

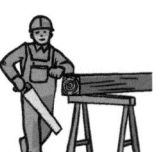

carpintero

snickare

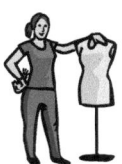

modista

sömmerska

juez

domare

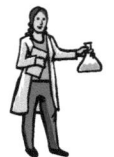

farmacéutico

kemist

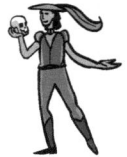

actor

skådespelare

colectivero

busschaufför

taxista

taxichaufför

pescador

fiskare

mucama

städerska

techista

takläggare

mozo

servitör

cazador

jägare

pintor

målare

panadero

bagare

electricista

elektriker

albañil

byggarbetare

ingeniero

ingenjör

carnicero

slaktare

plomero

rörmokare

cartero

brevbärare

soldado

soldat

arquitecto

arkitekt

cajero

kassör

florista

florist

peluquero

frisör

cobrador

konduktör

mecánico

mekaniker

capitán

kapten

dentista

tandläkare

científico

vetenskapsman

rabino

rabbin

imán

imam

monje

munk

sacerdote

präst

herramientas
verktyg

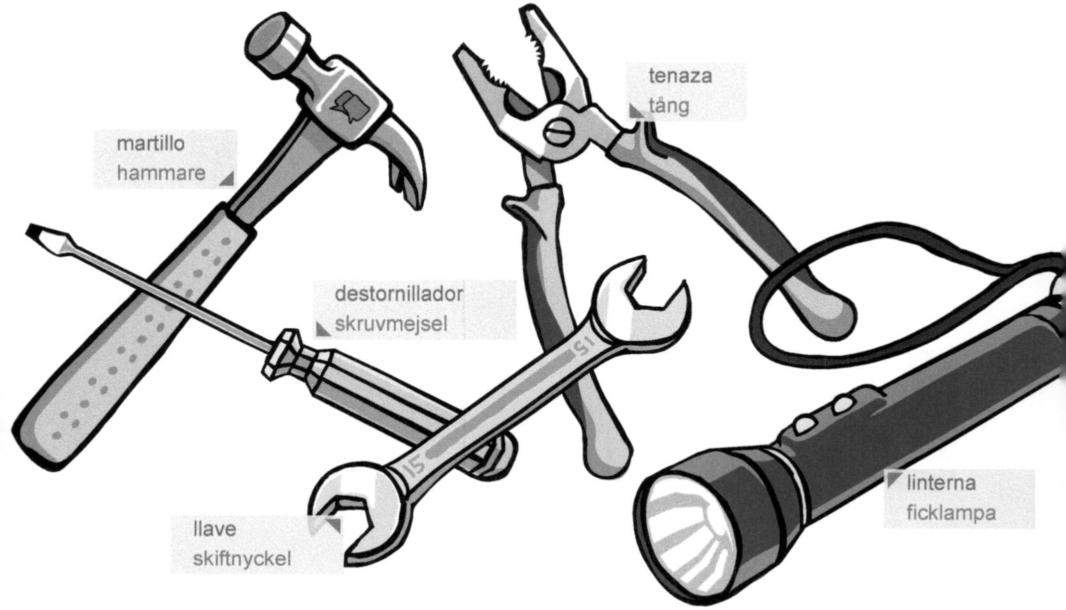
martillo
hammare
tenaza
tång
destornillador
skruvmejsel
llave
skiftnyckel
linterna
ficklampa

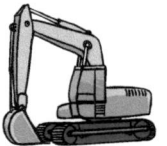

excavadora

grävmaskin

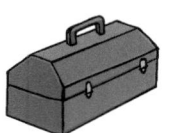

caja de herramientas

verktygslåda

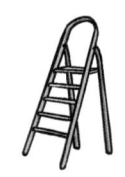

escalera portátil

stege

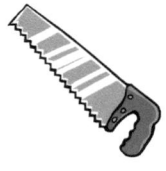

sierra

såg

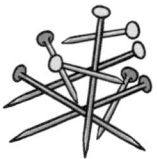

clavos

spik

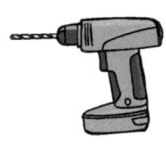

taladro

borr

arreglar

reparera

pala de jardín

spade

¡Qué bronca!

Helvete!

pala de plástico

sopskyffel

tacho de pintura

färgburk

tornillos

skruvar

instrumentos musicales
musikinstrument

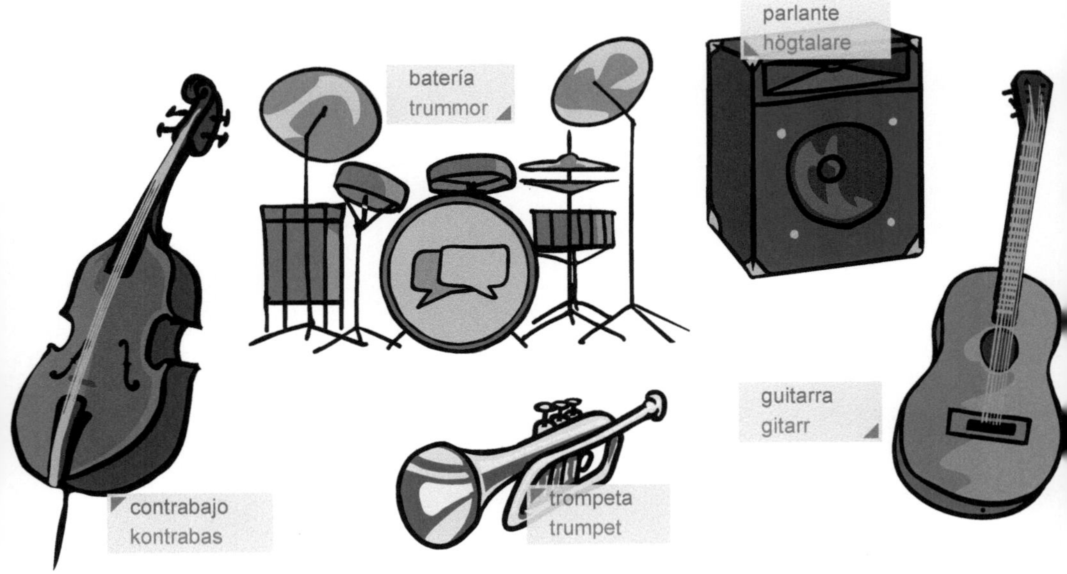

parlante
högtalare

batería
trummor

guitarra
gitarr

contrabajo
kontrabas

trompeta
trumpet

piano
piano

violín
violin

bajo
bas

timbales
timpani

tambor
trumma

teclado
keyboard

saxofón
saxofon

flauta
flöjt

micrófono
mikrofon

zoológico
zoo

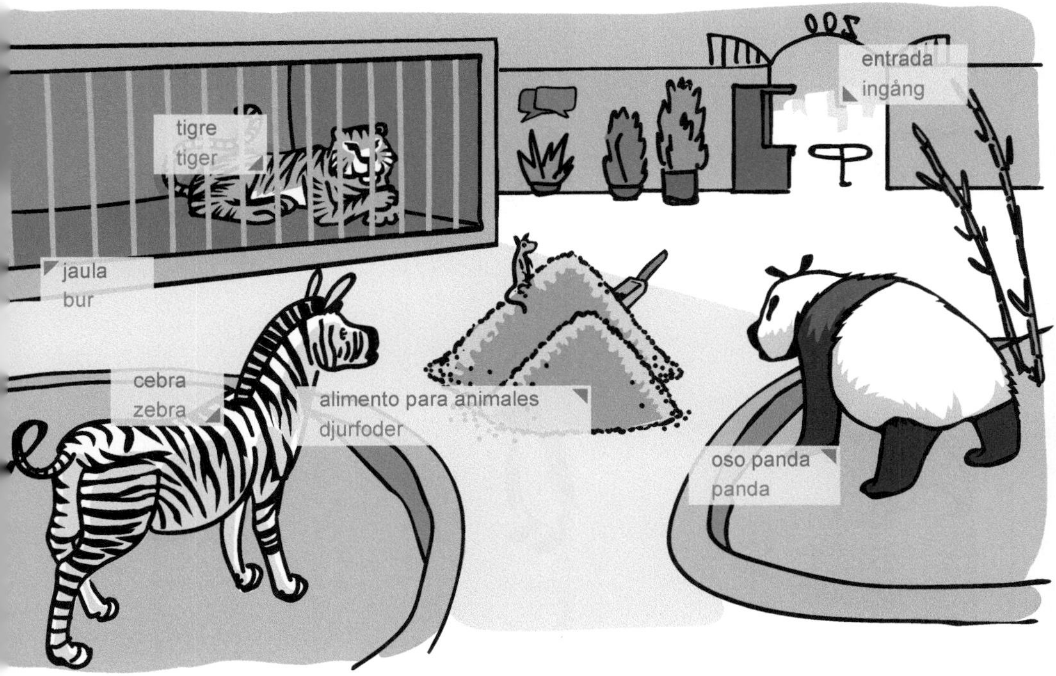
tigre
tiger
jaula
bur
cebra
zebra
alimento para animales
djurfoder
entrada
ingång
oso panda
panda

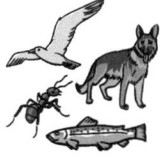

animales
djur

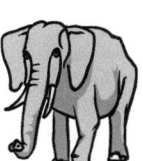

elefante
elefant

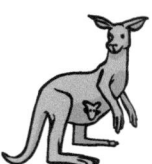

canguro
känguru

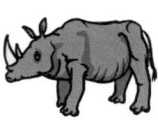

rinoceronte
noshörning

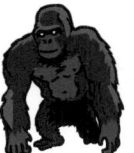

gorila
gorilla

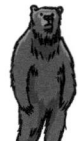

oso
björn

camello

kamel

avestruz

struts

león

lejon

mono

apa

flamenco

flamingo

loro

papegoja

oso polar

isbjörn

pingüino

pingvin

tiburón

haj

pavo real

påfågel

serpiente

orm

cocodrilo

krokodil

cuidador del zoológico

djurskötare

foca

säl

jaguar

jaguar

zoológico - zoo

poni

ponny

leopardo

leopard

hipopótamo

flodhäst

jirafa

giraff

águila

örn

jabalí

vildsvin

pescado

fisk

tortuga

sköldpadda

morsa

valross

zorro

räv

gacela

gazell

fútbol americano
amerikansk fotboll

ciclismo
cykling

tenis
tennis

básquet
basket

natación
simning

boxeo
boxning

hockey sobre hielo
ishockey

fútbol
fotboll

bádminton
badminton

atletismo
friidrott

handball
handboll

esquí
skidåkning

polo
polo

saltar
hoppa

abrazar
krama

reír
skratta

caminar
gå

cantar
sjunga

rezar
be

besar
kyssa

soñar
drömma

escribir

skriva

dibujar

rita

mostrar

visa

presionar

skjuta

dar

ge

tomar

ta

tener

hagel

hacer

göra

ser

vara

estar parado

stå

correr

springa

tirar

dra

tirar

kasta

caer

falla

estar acostado

ligga

esperar

vänta

llevar

bära

estar sentado

sitta

vestirse

klä på

dormir

sova

despertar

vakna

mirar

se på

llorar

gråta

acariciar

smeka

peinar

kamma

hablar

prata

entender

förstå

preguntar

fråga

escuchar

höra

beber

dricka

comer

äta

ordenar

städa

amar

älska

cocinar

laga mat

manejar

köra

volar

flyga

navegar

segla

calcular

räkna

leer

läsa

aprender

lära sig

trabajar

arbeta

casarse

gifta sig

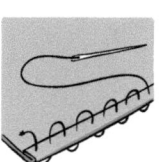

coser

sy

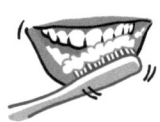

cepillarse los dientes

borsta tänderna

matar

döda

fumar

röka

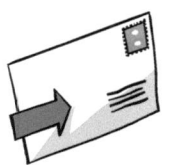

enviar

skicka

abuela
mormor/farmor

abuelo
morfar/farfar

padre
pappa

madre
mamma

bebé
baby

hija
dotter

hijo
son

invitado
gäst

tía
moster/faster

tío
farbror/morbror

hermano
bror

hermana
syster

cuerpo
kropp

frente
panna
ojo
öga
hombro
skuldra
dedo
finger
cara
ansikte
pera
haka
mano
hand
pecho
bröst
pierna
ben
brazo
arm

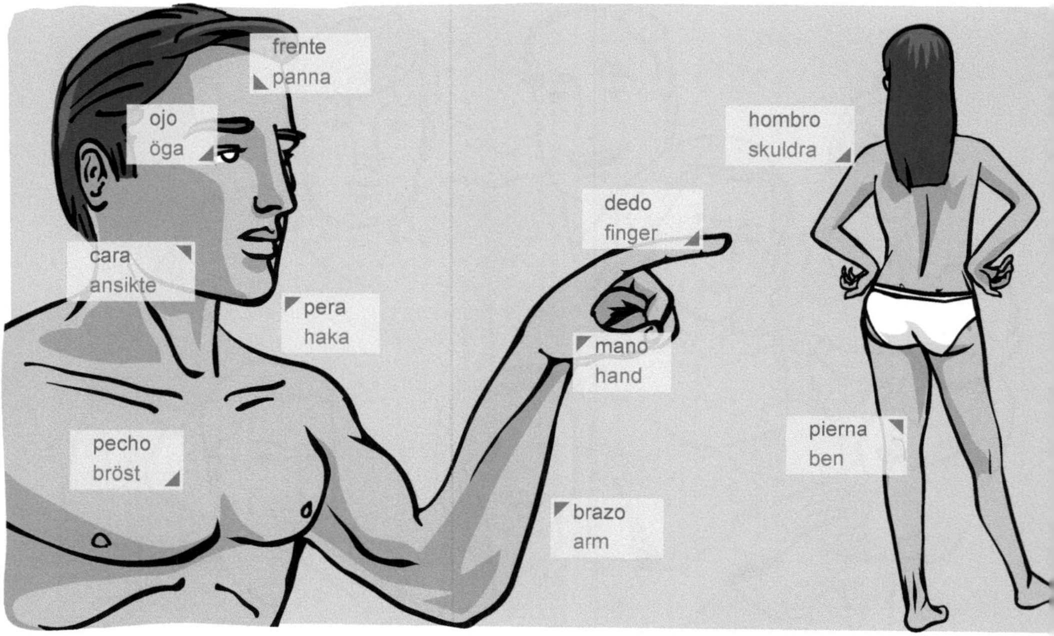

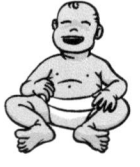

bebé

baby

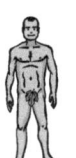

hombre

man

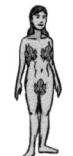

mujer

kvinna

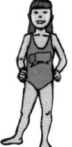

nena

flicka

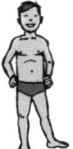

nene

pojke

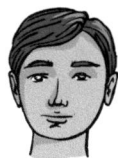

cabeza

huvud

espalda
rygg

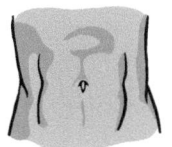

panza
mage

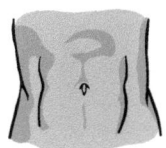

ombligo
navel

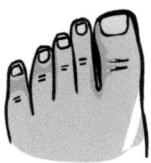

dedo del pie
tå

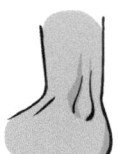

talón
häl

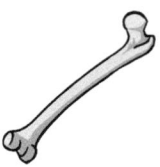

hueso
ben

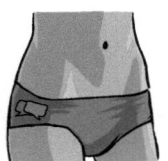

cadera
höft

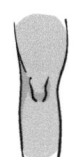

rodilla
knä

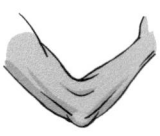

codo
armbåge

nariz
näsa

cola
stjärt

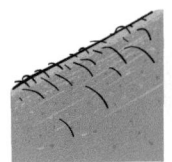

piel
hud

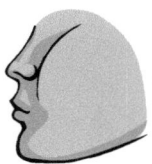

cachete
kind

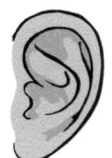

oreja
öra

labio
läpp

boca

mun

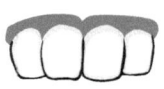

diente

tand

lengua

tunga

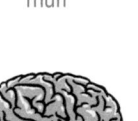

cerebro

hjärna

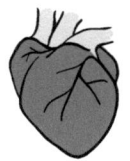

corazón

hjärta

músculo

muskel

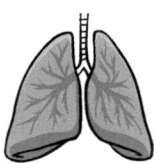

pulmón

lunga

hígado

lever

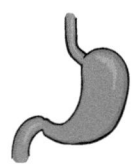

estómago

magsäck

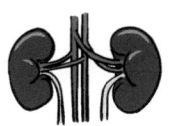

riñones

njurar

sexo

sex

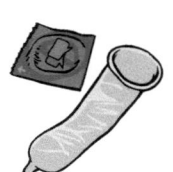

preservativo

kondom

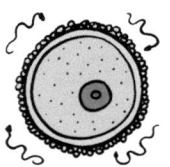

óvulo

äggcell

semen

sperma

embarazo

graviditet

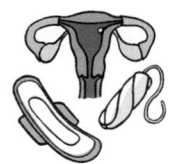

menstruación

menstruation

vagina

vagina

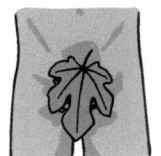

pene

penis

ceja

ögonbryn

pelo

hår

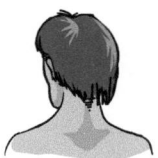

cuello

nacke

hospital
sjukhus

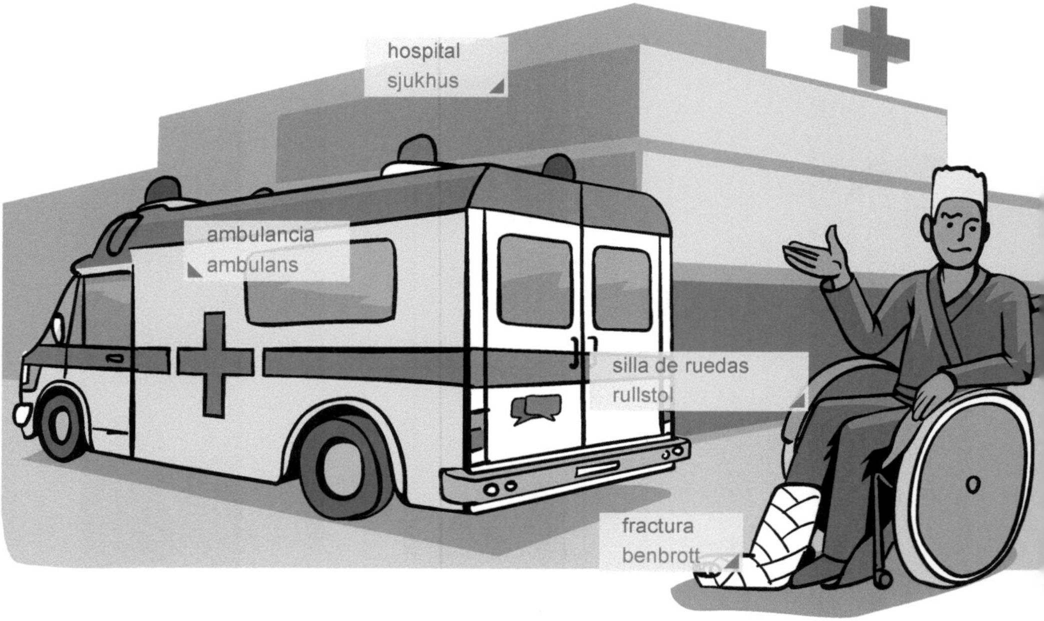

hospital
sjukhus
ambulancia
ambulans
silla de ruedas
rullstol
fractura
benbrott

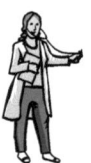

médico

läkare

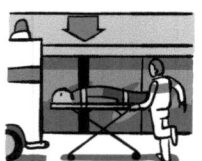

sala de guardia

akutmottagning

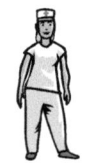

enfermera

sjuksköterska

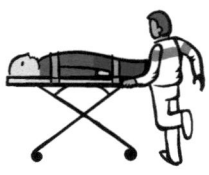

emergencia

nödsituation

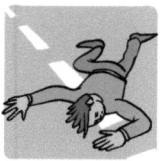

inconsciente

medvetslös

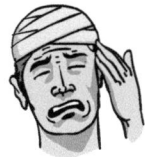

dolor

smärta

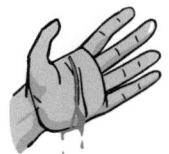

lesión
skada

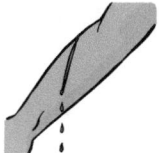

hemorragia
blödning

infarto
hjärtattack

ACV
slaganfall

alergia
allergi

tos
hosta

fiebre
feber

gripe
influensa

diarrea
diarré

dolor de cabeza
huvudvärk

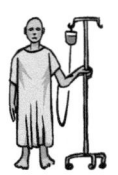

cáncer
cancer

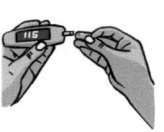

diabetes
diabetes

cirujano
kirurg

bisturí
skalpell

operación
operation

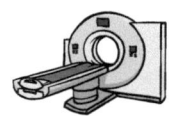

TC
CT

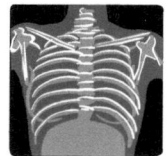

rayos x
röntgen

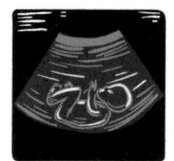

ecografía
ultraljud

barbijo
ansiktsmask

enfermedad
sjukdom

sala de espera
väntsal

muleta
krycka

curita
plåster

venda
bandage

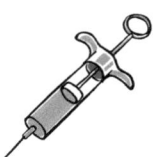

inyección
injektion

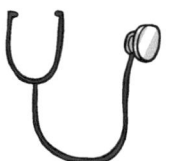

estetoscopio
stetoskop

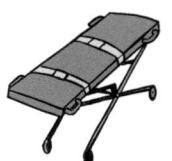

camilla
bår

termómetro
termometer

nacimiento
födsel

sobrepeso
övervikt

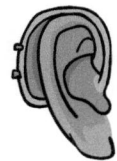

audífono

hörapparat

desinfectante

desinfektionsmedel

infección

infektion

virus

virus

VIH / SIDA

HIV / AIDS

remedio

medicin

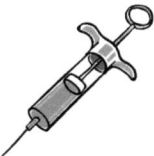

vacunación

vaccination

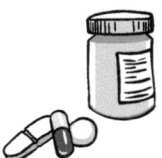

comprimidos

tabletter

pastilla anticonceptiva

p-piller

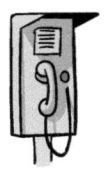

llamada de emergencia

nödsamtal

tensiómetro

blodtrycksmätare

enfermo / sano

sjuk / frisk

¡Ayuda!

Hjälp!

alarma

alarm

agresión

överfall

ataque

misshandel

peligro

fara

salida de emergencia

nödutgång

¡Fuego!

Det brinner!

matafuego

brandsläckare

accidente

olycka

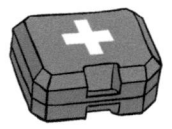

botiquín de primeros
auxilios

förbandslåda

SOS

SOS

policía

polis

Europa

Europa

América del Norte

Nordamerika

América del Sur

Sydamerika

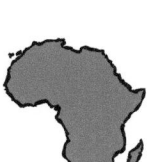

África

Afrika

Asia

Asien

Australia

Australien

Atlántico

Atlanten

Pacífico

Stilla Havet

Océano Índico

Indiska Oceanen

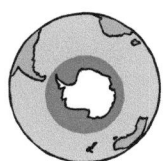

Océano Antártico

Antarktiska Oceanen

Océano Ártico

Arktiska Oceanen

polo norte

Nordpol

polo sur

Sydpol

Antártida

Antarktis

Tierra

Jorden

tierra

land

mar

hav

isla

ö

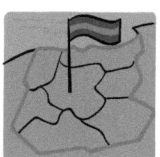

nación

nation

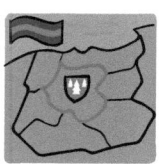

estado

stat

esfera

urtavla

manecilla de las horas

timvisare

minutero

minutvisare

segundero

sekundvisare

¿Qué hora es?

Vad är klockan?

día

dag

hora

tid

ahora

nu

reloj digital

digital klocka

minuto

minut

hora

timme

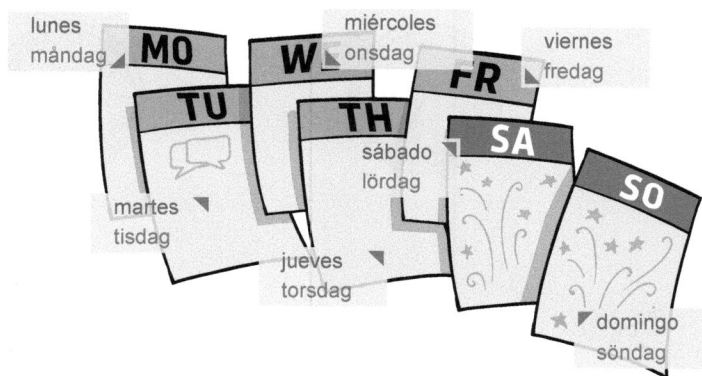

lunes
måndag

miércoles
onsdag

viernes
fredag

martes
tisdag

jueves
torsdag

sábado
lördag

domingo
söndag

ayer

igår

hoy

idag

mañana

imorgon

mañana

morgon

mediodía

middag

tarde

kväll

días hábiles

vardagar

fin de semana

helg

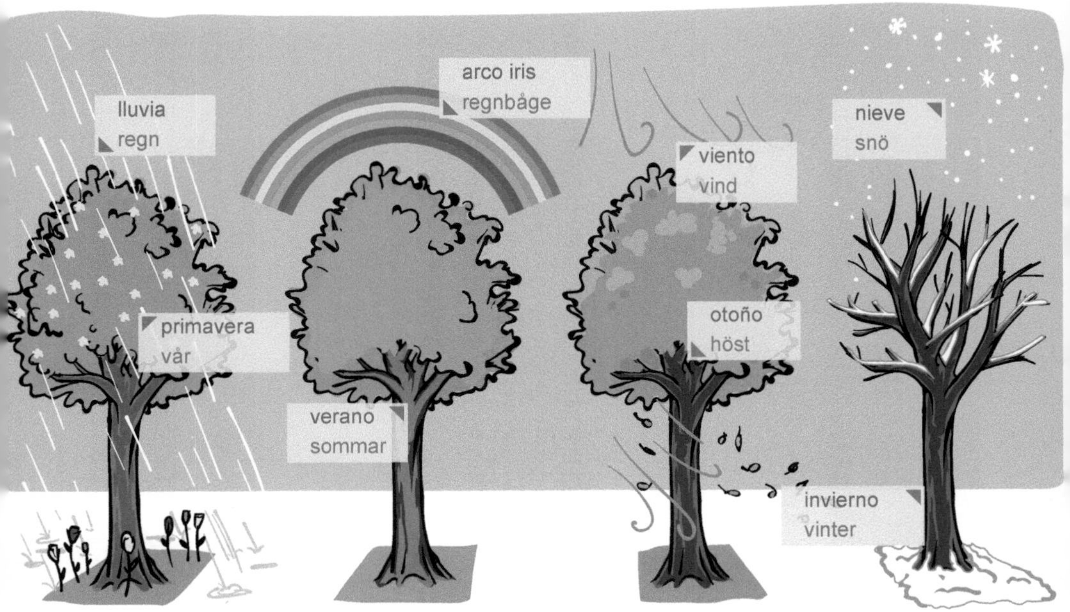

lluvia
regn
arco iris
regnbåge
nieve
snö
viento
vind
primavera
vår
otoño
höst
verano
sommar
invierno
vinter

4.APRIL 11°
5.APRIL 4°
6.APRIL 13°
7.APRIL 8°
8.APRIL 10°

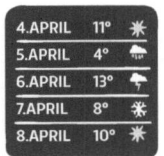

pronóstico meteorológico

väderprognos

F
C

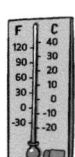

termómetro

termometer

luz del sol

solsken

nube

moln

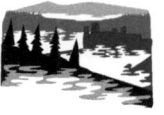

niebla

dimma

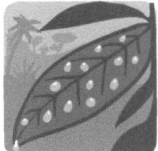

humedad

luftfuktighet

rayo
blixt

trueno
åska

tormenta
storm

granizo
hagel

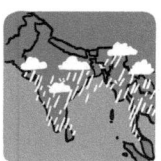

monzón
monsun

inundación
översvämning

hielo
is

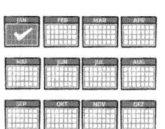

enero
januari

febrero
februari

marzo
mars

abril
april

mayo
maj

junio
juni

julio
juli

agosto
augusti

septiembre
september

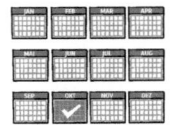

octubre
oktober

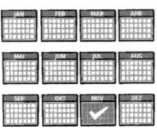

noviembre
november

diciembre
december

formas
former

círculo
cirkel

cuadrado
kvadrat

rectángulo
rektangel

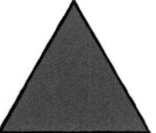

triángulo
triangel

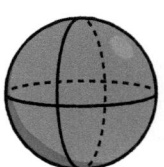

esfera
sfär

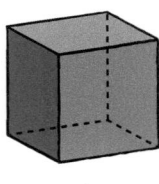

cubo
kub

blanco
vit

amarillo
gul

naranja
orange

rosa
rosa

rojo
röd

violeta
lila

azul
blå

verde
grön

marrón
brun

gris
grå

negro
svart

mucho / poco

mycket / lite

enojado / tranquilo

arg / lugn

lindo / feo

vacker / ful

principio / fin

början / slut

grande / chico

stor / liten

claro / oscuro

ljus / mörk

hermano / hermana

bror / syster

limpio / sucio

ren / smutsig

completo / incompleto

komplett / ofullständig

día / noche

dag / natt

muerto / vivo

död / levande

ancho / angosto

bred / smal

comestible / no comestible

ätlig / oätlig

malo / amable

ond / god

entusiasmado / aburrido

upphetsad / uttråkad

gordo / flaco

tjock / smal

primero / último

först / sist

amigo / enemigo

vän / fiende

lleno / vacío

full / tom

duro / blando

hård / mjuk

pesado / liviano

tung / lätt

hambre / sed

hunger / törst

enfermo / sano

sjuk / frisk

ilegal / legal

olaglig / laglig

inteligente / estúpido

intelligent / dum

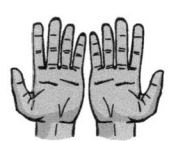

izquierda / derecha

vänster / höger

cerca / lejos

nära / långt bort

opuestos - motsatser

nuevo / usado

ny / begagnad

nada / algo

inget / något

viejo / joven

gammal / ung

encendido / apagado

på / av

abierto / cerrado

öppen / stängd

silencioso / ruidoso

tyst / högljudd

rico / pobre

rik / fattig

correcto / incorrecto

rätt / fel

áspero / suave

grov / slät

triste / contento

ledsen / glad

corto / largo

kort / lång

lento / rápido

långsam / snabb

mojado / seco

våt / torr

caliente / frío

varm / sval

guerra / paz

krig / fred

números

siffror

0
cero
noll

1
uno
ett

2
dos
två

3
tres
tre

4
cuatro
fyra

5
cinco
fem

6
seis
sex

7
siete
sju

8
ocho
åtta

9
nueve
nio

10
diez
tio

11
once
elva

12

doce

tolv

13

trece

tretton

14

catorce

fjorton

15

quince

femton

16

dieciséis

sexton

17

diecisiete

sjutton

18

dieciocho

arton

19

diecinueve

nitton

20

veinte

tjugo

100

cien

hundra

1.000

mil

tusen

1.000.000

millón

miljon

inglés

engelska

inglés americano

amerikansk engelska

chino mandarín

kinesisk mandarin

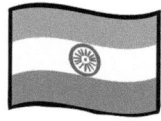

hindi

hindi

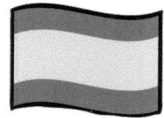

español

spanska

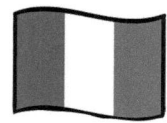

francés

franska

árabe

arabiska

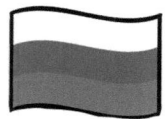

ruso

ryska

portugués

portugisiska

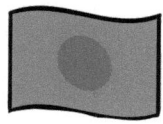

bengalí

bengali

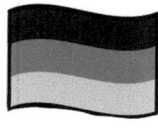

alemán

tyska

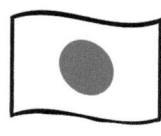

japonés

japanska

yo

jag

vos

du

él / ella

han / hon / den (det)

nosotros

vi

ustedes

ni

ellos

de

¿quién?

vem?

¿qué?

vad?

¿cómo?

hur?

¿dónde?

var?

¿cuándo?

när?

nombre

namn

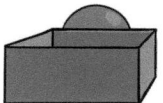

detrás

bakom

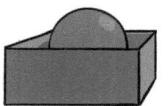

en

i

adelante de

framför

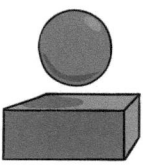

por encima de

över

sobre

på

debajo de

under

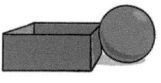

al lado de

bredvid

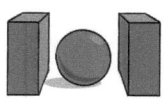

entre

mellan

lugar

plats